D调·泉州

半城烟火

泉州古城保护发展工作协调组办公室 编

海峡出版发行集团 | 海峡文艺出版社

开元寺大殿前

悟是一个字 亦是一生事

总序

泉州地处中国东南沿海，自古地气独温而有“温陵”之名，是国务院首批公布的历史文化名城之一，又因拥有独特的海洋商贸文明遗存，而成功入选《世界遗产名录》，从此有了“宋元中国看泉州”。

泉州枕山望海，拥有丰富的文化和旅游资源。而作为闽南文化生态保护核心区的6.41平方公里泉州古城，更是保留着数百年甚至上千年岁月的肌理，人们仍然虔诚地生活其中，将街巷、建筑、信俗、食物、节气等融合为一种闽南人的“生活的艺术”。林语堂先生将“生活的艺术”翻译为：The Importance of Living。生活的重要性，可见一斑。而这种充满艺术性的生活，越在古城越见真章。

深入古城，编撰一套“D调·泉州”丛书，既是满足旅游的需求，也是以泉州为样本挖掘中国南部城市一份独特的古城文化。泉州拥有世界级非物质文化遗产——南音，是一种千年古乐，它的D调，低缓缠绵、活泼灵动、韵味悠长，是最泉州本色文化。D调的寓意饶有趣味，既应和白岩松品评的那句“泉州低调得与她的实力和吸引力有点不太相符”，又实则在探索这种错位的魅力究竟由何构成，或者说，究竟是如何在他人眼中大放异彩。总之，它自有风韵。

“D调·泉州”丛书一共6册，分为西街篇、水系篇、街巷篇、美食篇、建筑篇、信俗篇，是一套时尚的人文旅游口袋书。该丛书文风清朗，笔调轻松，又充分兼顾游览的需求，相信是深度走读泉州古城的一扇文化窗口，也是人文旅游大时代下一次有意义的纸本实践。

是为总序。

编者

2022年5月

礼俗之网（代序）

北京有一份200多年的地图《乾隆京城全图》，绘制极为精细，每一座王府、每一个房间都按比例绘制了进去。有人统计过，彼时京城不到40平方公里，标出了大概1500座寺庙。一条三五百米的胡同，平均要有两三座寺庙。这是过去的北京城，也是过去中国寺庙文化的缩影。后来大部分现代城市都没有了这样的寺庙文化，北京为数不多的寺庙，据说又腾挪为杂院、库房、油坊、印刷厂等实用之地。

但泉州却保留下来了这部分传统。泉州古城内的寺庙密度接近于当年的北京城，巷子转角很容易遇见寺院、宫庙、佛堂，密度更高的地方，两三百米就有两三座小宫庙。泉州素来有“半城烟火半城仙”的美誉，形容的正是它独特的信俗氛围。以“礼俗”织成一张密密缝缝的网，人们彼此惺惺相惜。

古城内的原住民围绕着身边的寺庙活动，依然有烧香、献花、祈福、备宴、演戏等传统活动。一年365天，总有一些日子以各种理由成为烧香拜佛的“好日子”。这种与历史相延续的信俗活动，自身就是一幅细节丰富的图景。就如《奢侈的女人》一书里引述，晚明时期的江南妇女们“骑驴坐轿”去烧香，清末《醒世姻缘传》里80名妇女组成进香团，行200余里路，上泰山娘娘庙烧香去。一城一地的风俗，泉州没有强行割裂，而是以自己的方式徐徐慢行。

因为“惺惺相惜”的心情，泉州不仅延续传统，也多元包容。包容的外来宗教之多，使它又获得“世界宗教博物馆”之名。本书第二部分特别介绍的泉州外来宗教石刻，正是对这一主题的讲述。而泉州以“泉州：宋元中国的世界海洋商贸中心”的特殊价值成为中国第56处世界文化遗产，无不又引人好奇地走进它的精神内核。

大家慕“半城烟火”之名，带来许多不同视角，从学术、建筑、艺术、博物等角度去重新发掘它。这便想到一位北京来的背包客为泉州作的一句大大的广告语：泉州，才是中国应该有的样子。说完，果真拾掇行李，定居到了这里。从此，细细捡拾故城模样。

目录

Contents

人事 · 香火缭绕

城市 · 此心安处

香

人事·香火缭绕

香火

备一份全套礼俗

天公金是于农历正月初九专门烧给玉皇大帝的金纸版面

闽南话里，玉帝被称为“天公”。最早建于西晋太康三年（282）的泉州元妙观，因供奉玉皇大帝，又被称为“天公观”，最早又叫白云观。

元妙观的侧门开在城市主干道东街的支巷，由此入观可以直抵第三进的凌霄殿。该殿是全观最具代表性的建筑，通高 18.5 米，大五开间，飞檐九脊，龙柱龙陛，四处透露着精雕细镂的尊贵。

香客入观，会先将供品平整摆放于玉皇大帝供桌前，再依次前往各殿拜拜。在城市里有一定规模的宫庙前，一般能找到八仙桌支起的天公坛，意味着凡事都要先祭一祭天公。因此人们才说，元妙观专祀天公，其实处处敬奉天公。

泉州人视农历正月初一和初九为天公诞辰。这一天里，整个闽南无不以隆重之礼祭祀天公。元妙观门口的金纸香烛店会在正月里购进许多新货，有规格更大的香、样式更精美的大红烛、成捆堆积如小山的天公金。一般普通金纸整叠的第一张才印图案，天公金则每一张都有图案，泉州人形象地形容它为“张张面”。“面”上有许多吉祥祝语，类似“天官赐福”“招财进宝”“金玉满堂”之类。天公金的尺寸也比平日里用的金纸翻了一倍不等，价格自会更加昂贵，店家说：“泉州人会将最好的献给天公。”

元妙观

元妙观抽签筒

这些金纸、香烛都在等待香客于农历正月初九到元妙观“拜天公”而买走。一般初八入夜，观前的东街就渐渐热闹起来，大家认为越早敬供天公越显诚意，每个家庭里操持这一切的妈妈会在子时前携家带口前来。这一夜，在元妙观里碰到熟悉的亲友概率极大，像妈妈们的社交场。

那时，人声鼎沸的元妙观是城里最亮的一角，点亮的“天公灯”照亮大半个广场。观里有个吴道长在此修行已久，年年引导此类盛事。“香客若是来晚了，大殿、拜台都寸步难行。观里每年会在广场上增加三列八仙桌，这多出来的几十

桌也早就摆满了红蟳、鱿鱼、猪脚、捆鸡等供品。”他说，泉州人遵循古代时辰计算方式，子时一到便是新的一天，“过了 11 点就算来晚了”，那时连绵的前广场早已人山人海。

八仙桌上那些看起来最为丰盛的大鱼大肉是“三牲’“五牲”，由古代祭祀演变而来。闽南人敬天公，“三牲”是一定要有的。民间已形成一系列专门定制的店铺，讲明要“敬”，商家就会将猪脚、鸡身捆绑好，炸鱼包好，等顾客来取。许多人还会多备上冬日海边时令的红蟳、鱿鱼等，凑成“五牲”更显隆重些。

巷子里的金纸店

“牲”是古时的献祭物，是敬天公必备的主要供品。闽南民间称“杀猪倒羊”，就是指拉来整猪、整羊敬天谢神。相传，有年天公生日，闽南一道观的拜天公现场，供桌上甚至出现140多只完整猪羊，场面十分壮观。

如果说“牲”是用来撑场面的，那么这日来临前，令妈妈们忙碌多日的一全套礼俗，更加考验身心。她们要炊糕做粿，以“三牲”“五果”“六斋（或十二菜碗）”的顶配酬神。

糕是一种寓意“发”的米制品，常见的是碗糕。买来小小的模具纸碗，将已发酵好的米浆倒入其中，以旺火去蒸，顶部裂开便有“发了”之意。因为手艺久经锤炼，碗糕成为一种著名特产小吃，泉州人也习惯将其作为包子一样的简易早餐。

粿是龟粿，它不像碗糕那般常见，更有“年”的意味。龟粿的模具比碗粿要复杂些，从前多是匠人用木头打成胚，模子里刻着长寿龟的形状。糯米碾成粉后，揉成面团大小，掺以芝麻、绿豆馅，再往粿印上一按，最后放入大蒸屉里蒸便完成。比较周到的人家都是成屉成屉蒸糕做粿，一桌子的盛情。

作为最隆重的祭祀，拜天公的供品必丰必洁，各种炸物、素菜组成的菜碗也得让主妇在油锅上待上半天。最简单的筹备工作恐怕只有“五果”了。“五果”是五种水果的统称，选哪五种果，就看讲究何种寓意。

随口一问，水果店的老板娘都能说得头头是道：“菠萝的闽南话是旺来，妈妈们也爱买些柚子（佑子）、甘蔗嘛，都可以。”

甘蔗不仅寓意节节高升，还有一段传说。据说明朝时期，日本海盗常在福建沿海出没，有年正月初九，泉州当地乡民躲入甘蔗园避了一场灾难。大家认为是“天公”救命，往后拜天公时便带上这信物，表示不忘救命之恩。

这些故事，总是一问就有。听起来，像讲古，很吸引孩子。

火烛

元妙观的凌霄殿

你若是来泉州待上几日，到各大宫庙走走，会感受到大家是很愿意亲近神明的。尤其是妈妈们，她们事事倾诉，有时甚至要聊上一炷香的时间。因此，孩子们说，神明啊，是妈妈们最贴心的朋友。

目前能找到最早记录泉州拜天公习俗的史料，是明代史学家何乔远在其《闽书》中的记载："初九日，泉人谓是曰为天诞……道观多报赛，近则里巷有之，乡村之间无定日，谓之天香。"

如今，泉人依旧热烈地投身天香赛会。年年的农历正月初九，元妙观里的信众来来往往，难计其数。只知道，大约两层楼高的金炉里会被折成金条、元宝、莲花形状的天公金堆满。燃尽了的香烬，平日里两个月清理一次，春节一天里要清理上两三次。

“招财进宝”巨型钱币

游览：元妙观的大日子

拜天公	除夕夜、农历正月初九、农历六月初七“天门开”，都是泉州敬祀天公的日子。
拜太岁	人们会备好红丸、红蛋、面线等去找自己的太岁。
拜文昌	文昌帝君又称文曲星。每年农历二月初三是文昌帝君诞辰，元妙观会在文昌殿举办拜文昌法会，常有不少信众参加。
钻钱眼过平安门	凌霄殿前广场上立有“招财进宝”巨型钱币及“平安门”。每年正月拜完天公后，一家老小还会逐一从巨大的钱眼中钻过，俗称“钻钱眼”，或者过“平安门”，喜乐过年。

一年忙到头
日日是好日

佛龛画像

都说泉州人一年到头总在拜拜，于是有天特意问一位在古城开店的本地朋友：“一年下来，你们家里究竟有多少拜拜日子呢？”

稍加整理，他立即理出一条清晰的线来：先从祖宗祭开始算起，爷爷奶奶各自的生祭、死祭、宗祠总祭；岁时的除夕夜辞年和开正、正月初九天公生、正月十五拜元宵、清明、端午、中秋、重阳、立夏、冬至等，这些都是大节日；家里每月初一、十五拜，店里土地公初二、十六拜，算下要为土地公过24次生日，朋友家里的小店有三四家，这就了不得了。除了这些，家中幼女每年生日拜床母，一直到16岁；长辈心意虔诚，到了关帝、观音一年两三次诞辰日，还要到古城里的各寺庙拜拜；又因住家仍有段湖宫，一种铺境小宫庙，若有人主持，又有社祭要筹办。

这样算下来，一年竟有三分之一的日子在忙碌祭祀的事情。朋友自己也没想到，仰头长息，道：“原来我这么累啊！”其实倒也不尽然。许多事情，从记农历日子到准备祭品，仍是父母在操心操持，朋友虽已近中年，不过是为父母分劳，做些跑腿代办。

他向我们展示一段过年起风炉的小视频。一只类似取暖用的红砖小火炉，燃着炭火，小火烧得旺旺的。这便是春节除夕零点开正，是正月开局的意思。家里

台魁巷墙绘

要起风炉，搁家中空旷处，最好是庭院，烧金纸，再撒些盐巴，会有噼噼啪啪的小响声，红红火火的，寓意来年一切都好。

他还为店里的佛龛请过土地公。他与我们讲，土地公神像是从螺珠巷的一家私人佛堂里请来的，挑好日子，与佛堂的道姑说一声，好日子一到，他只管骑上小电驴，抱走蒙着红布的土地公像回店里安放即可。朋友讲起闽南话很好听，绵绵软软的，咬字也清晰。曾有一位北方朋友说我们闽南人讲话啊，像舌头在里面自由缠绕，如绕指柔，她总是不厌其烦地一直听。

讲得好不好听自然也分声线的，但闽南语确实保留了许多唐音古韵。就说这位土地公，泉州人便说它“好撙循”，意思是“好尊从敬奉”“好款待”。“撙循”两字的写法，不很确定。查闽南语相关词典，“撙”的本义：克制、节约。闽南人仍说“撙节”，便是此意。《新唐书・柳公绰传》就有一句：“遭岁恶，撙节用度。”敬拜土地公，就有一种“克制、节约”的自我暗示。贫者可以供奉以稀粥，富者可以祀奉以羊肉。总之，怎么奉都可以；另一层意思也是，谁奉都可以，不分贵贱。土地公像也讨喜，总是慈眉善目，眉鬓须白，右手如意，左手金元宝，既职司一方土地平安，又被尊为财神爷。

初二、十六拜拜土地公，几乎是泉州商店都遵循的好日子。设在店内的土地公，简单一点，只是挂一张像，大部分则会供一尊小佛像放于一种 40×40 厘米的标准挂式佛龛内，还有设落地佛龛的，也用作柜子，总之随人心意。

是年农历十月十六，朋友发来一张祭土地公的照片，吓众人一跳。照片上一桌子供品，炸鲫鱼、煮鸡蛋、发馒头等，另有一大块生切猪肉，好生猛，白白净净，稳稳当当地卧着。或者应该叫它：小牲。不是猪肉，不是供品，直接叫“牲”才对。过去大型社祭，乡村里会准备上百只洁净的生猪奉天。这生猪统统地四肢趴伏，猪鼻拱天，白白净净，隆重地献祭。那生切猪肉，也是这意思：小牲，有礼了。

初一、十五也是好日子。月有阴晴圆缺，人有旦夕祸福。每半月，即是一种由亏到满或由满到亏的提醒。这两日，因此也称朔望祭，古自有之。一般这两天，是家祭。泉州人家中，主要供奉观音、土地公与关帝爷像，或者只有一尊，很简便。每月初一、十五两日，去买些水果，奉茶点香，再说些祈福的话，并不需要花费太多时间。有青年人见水果、香、茶，都是清净之物，因此也设佛龛，时常上香，半月祭拜，随之成为一种生活方式。

所有好日子中，最丰富又最不相同的是圣诞日，也叫神诞日、佛生日。在泉州古城里走着，很容易就遇见一些小宫庙，宫前张贴大小红纸，向里社人告知宫庙主祀神明即将生日，要准备些什么祭品，或者告知神诞日改期事宜等。泉州古城区有铺、境系统，也兼用以区划各自的生活区，各自都有主祭宫庙。按照《泉州旧城铺境稽略》，铺境宫庙 130 多座，因主祀、配祀神明不同，圣诞日也就不同了。

那日在朋友的店内，我们谈论起关帝爷的祭拜日。究竟是哪一天，分辨不清。

一堡街花坛涂鸦

“正月十三？五月十三？大概是这两日。”正当大家快有结论时，一位喝咖啡的客人也加入谈话：“关帝爷的生日吗？是六月。我们家六月去关帝庙拜他的。”

大家面面相觑，只好就此作罢。后来查看关岳庙自出版的一本关帝信俗书，才发现原来有诞辰日、飞升日、救生日之说。那三个日子，正好对应三个“生日”。不过，这只是闲来查证，长辈心中约定俗成的好日子，仍是各自的好日子。

关于圣诞日的社祭，朋友记起一件趣事。小时候，他们村里的段湖宫佛生日时，每家每户要备一些祭品拿到宫庙去。母亲特意买来一条大鳗鱼，在院子支起油锅，将鳗鱼炸得酥脆，接着还想将它支起来如龙蟠之姿，好在神明前亮个相，于是上下其手、百般折腾……

“太丑了，最后那个实在太丑了。”朋友哭笑不已，迄今忘不掉那个画面，一副孩子搞不懂大人们的心情。据说大人后来也再没炸过整条鳗鱼当祭品。

青年们生活在这样浓浓的信俗文化里，仍可以很轻松地谈论神明，也会想些自己的“好玩”之事。如，这样的念头：“三‘牲’有幸！未来店里增加一些这样的果品，如何？”还有一位朋友听说一段“葫芦境”的故事后，便在自己的小酒馆巷口涂鸦了一幅身着大红官袍的“境主公”，认为这甚是好玩。

依照《泉州旧城铺境稽略》，查无“葫芦境”一说。但朋友认为，葫芦一词寓意美好，在整理民间口述资料时还发掘出有趣的故事，因此特意请玩涂鸦的朋友来创作，以作小店十周年之纪。

西街小酒馆前的墙绘

如今西街肃清门广场附近，原有一块葫芦样的大石头，有人常来这里上香敬拜，视葫芦石为镇境之物。相传，此境附近住有一位奇人，是一位道姑，人称福来姑。福来姑身材瘦小，常穿打补丁的衣服，但轻功了得，能顿地飞檐取物。她以帮人推拿接骨为业，因捣蛋受伤的孩子常被大人带去拜访她。人们亲眼见她飞上屋檐，去取藏在檐上的小佛像和香灰炉。后来才听说，福来姑是泉州三大丛林之一——崇福寺妙月方丈的俗家弟子。

泉州有一些女性神祇往往有“姑”“妈”“娘”“夫人”这样的尊讳。如约所宫的狄娘娘、广灵宫的万氏妈，以及多个庙宇常祀的苏夫人姑。可见这位福来姑在乡邻中享有尊位。而这些丰富的地理民俗故事，像落叶层，仍在不停地发酵、滋养生活在此地的人们，不分老少。

人们生活在这里，因为祭拜的日子多，因此常说，天天是好日子。有次在寺院听见有人问一僧侣：“请问，寺院全年可有什么活动，哪天是大日子？”僧答：“天天是大日子。”泉州各寺都有固定的勤佛法会，但于观念上，讲究不要有束缚心。

而俗世的人生，一年到头，忙忙碌碌地生活，心有了愿望，就去上上香。这种经年累月的信仰观念，因为“天天是好日”的仪式感而更显根深蒂固。

供品

井亭巷茶咖空间“井间茶寮”的日常

关岳庙前香炉

关岳庙
公平正直，入门不拜何妨

“在那待久一点，你能听到一整个城市的八卦。”这说的是泉州涂门街的通淮关岳庙，青年们打趣的一句话。意思是，那里从白天到夜里，从日常到节日，都特别热闹。

关岳庙主祀关羽和岳飞，但人们在祭拜这两位民族英雄前，一般会先拜天公，即庙前的天，蓝蓝的天，没有佛像，也没有挂画。庙前有一副有趣的对联：“公平正直，入门不拜何妨；诡诈奸刁，到庙倾诚何益。”

关羽是三国英雄，死后受祭祀，曾与孔子地位等同，一武一文，同称“夫子”，均享国家祭祀规格。从民间传播的角度，《三国演义》有多著名，关羽的形象就有多深入人心。他是“义”的化身。单刀赴会、刮骨疗毒、过五关斩六将、千里走单骑、败走麦城……这些俗语故事全都来自这位云长将军的一生。

关岳庙内可以抽签。相传，明代官至礼部尚书兼东阁大学士的李廷机（泉州人），科考出仕前也到这座庙里求过签。他为官极为正直，请辞 123 次仍未被朝廷准许致仕，回乡后便到庙里还愿，整理过一份百首签诗。至于是不是如今的 100 支，就不得而知了。总之，签文如诗文，读签如读史，善男信女前来抽签问卜，每月消耗竟达七八万张。

关岳庙前的香客

筊杯

龟粿：人间的艺术

龟粿模

木刻粿印

作为一名资深的背包客和影像纪录者，在时间有限的情况下，一座城市的这3个地方是我必去的：

一是博物馆。博物馆是文化的总结，已经有专家推荐了这个城市贯穿历史的人文、信俗和艺术精品，有助于快速梳理出城市的背景知识。

二是体验市井风俗。我会找一条老街，静下来像当地人一样生活。吃当地的美食，看当地的建筑，观察他们用的器物、交谈的方式、讲述的故事，理解不同，发现独特。

三是旧货市场。每座城市都有那么一条街，充满了传奇，让人神往又带着伤感。无论是废弃的“破烂”，还是天价的“珍宝”，老物件来到这里，背后都有它没落的故事。这里和历史的变迁更为接近。我是在北京潘家园玩大的，这种氛围让我熟悉。

遇到闽南粿印就是在每周六开市的泉州后城旧货市场。北方人对扣饼的模具并不陌生，但南北的美学差异是我的兴趣点。

地摊上的木质粿印黝黑发亮，拿起来重量压手，四面雕工，5个图案：一条鱼，桃子和钱币。最显眼的是正背大小两只乌龟纹样，流畅的线条，令我一见钟情。卖家带着泉州人的优越感，绘声绘色地给我讲解粿与饼的不同和烦琐的拜拜习俗。对于初到泉州的我来说，这类信息量过载了，大脑内存严重不足。我没砍价就收了那支今天看似普通但很重要的一块粿印。毕竟它是我之后陆续收藏的200多方粿印中的第一块，也是它直接把我引向了闽南文化的殿堂。

瓷制龟粿印

六朵印花模子

我喜欢有“物”的人生，人存在总要留下些印记，代表一段时光的逝去。旧物是有温度的，从老物件中我总能感受到“他”存在过，造物的人是如何投入，使用的人又留下怎样的痕迹。如陶模上的一个清晰的指纹是刻意还是偶然？两块粿印拼合才能看到完整的父子联名款，他们是谁？粿印上的外国人又如何出现在模子上的…… 就像和古人聊上一会儿，猜一个谜，虽不能多言，但比对多了，也总能窥视到一个时代的生活趣味。

如今的泉州，祭祀节庆数不胜数，人生“一头”“一尾”的大事也是在席面上。我曾为拍民俗纪录片特意追过这些祭祀节庆，发现他们真的一年总有一半时间在“过节”，或是在准备着“过节”。

供桌文化少不了主人家的细心安排，人们总是说神明喜欢什么供桌上就要有什么。如七娘妈是女人，胭脂水粉的少不了；大哥公最喜欢猪蹄、面线；日月太保都是孩子，供桌上饼干、糖果、牛奶、果冻就会堆成小山。而龟粿适合所有神明的口味，成为供桌上最常见的供品。天公生、上元节、观音妈生、注生娘娘诞、土地公生、中元节、床母生、七娘妈生、拜魁星、下元节等，龟粿都是少不了的必备供品。拜拜结束后，甜甜糯糯的龟粿会被小朋友一抢而空，他们长大以后仍无限回味。如今龟粿也成了泉州榜上有名的特色小吃。

我一直对粿印的图案雕琢更感兴趣。别看粿印是普普通通的生活用品，它也是酬神祭祖的用品，联系神与人、祖先与自己的信物。它的图案内容丰富：人物、动物、花鸟、虫鱼、神仙、器物、建筑、文字……无论图案设计还是雕刻工艺都浓缩了闽南艺术的精粹。

狮子、老虎形象的翻糖模具

但随着技术更新，手工雕刻粿印的匠人越来越少，龟粿图案逐渐简单化、工业化。如果是老模子，仔细观察，它们根本不可能一模一样的。因为每个师傅都有自己的刀工技法和设计图案的习惯，自己的样稿也会按金主的要求和流行趋势时时更新，把时代特点和地域风格融进方寸之间。

一只粿印从描样、打样、修粗坯、修细坯、添加纹饰到细细打磨、上漆要经过反复十几道工序。木纹细腻，木质坚硬、易刻、耐用、不易破裂为上上品。和玉石一样，越好的料子，雕工就越讲究。一是，料子价高，要找好的师傅；二是，好料子硬度高，运刀的可塑性越好，能有更好的发挥余地；三是，好的木料也更容易保存下来，传世到现在，成为艺术珍品。

闽南女儿出嫁，娘家要准备一把粿印作为陪嫁。粿印的精美程度取决于娘家的财力和对生活细节的要求。据说，民国时期一把好粿印可以叫到 4 块大洋。

龟粿的历史悠久，具体已不可考。

中华民族对龟的偏爱则可追溯至上古时期，泉州更是处处可见神龟的形象。古厝建筑雕刻中常出现“龙马驮图、神龟负书”“龟龄鹤算”这种具有美好寓意的图案，利用各种石砖材料，巧夺天工，大户人家有时连井盖都要刻上龟的形象。

闽南龟的样式千变万化，吉祥纹样是一大类，泉州、厦门、漳州、莆田等地区都各有特色。单单说泉州，晋江印、德化印、永春印、惠安印就多有区别。

泉州的龟有祭神和贺寿两种。老匠人说，龟有龙须用于祭拜天公，没须属凡龟，用于祭祖、贺寿。龟的前爪有五根爪趾，后脚是四根（和家里的猫主子一样），前五后四，如脚踏五湖四海，也是闽南人性格的体现。

花生（双钱）型的龟图案，是泉州的特色，多见于酱色的瓷粿印上。

瓷制印模大多出自泉州德化窑和磁灶窑，基本为明末至民国时期的产品。和德化、磁灶其他瓷器一样，粿印也分象牙白、猪油白、绿白、青白、鹅绒白等白釉瓷；也有铁浆釉、黄鳝釉、蓝釉、红釉、绿豆釉、酱釉等釉色，晚期还有青花装饰。精细的瓷印龟身周围还会雕刻八宝、飘逸的绸带，或留有商号印款。

沿海漳浦一带有一种特色的木刻“海龟”粿印；莆田的龟粿是立体的，用一块板固定、两块板夹出龟的外形，戴冠子的凤头高高扬起，身旁或趴伏一只小龟。

龟印只是粿印中一个分支，闽南粿印的种类繁多，应用的场合也各不相同，图案更是千变万化，吉祥的龙凤麒麟、仙鹤鳌鱼、四季花卉、佛道俗八宝、状元回乡、公子佳人、“憨番”献宝，更有把神仙直接刻成粿印，给神仙画像，以示吉祥。

小小的一方粿印把我引领到一方神仙世界，以粿印为引，我开始理解先人对神明的敬畏心境、传统的手工技艺、闽南的木料种类、图案的地方特色、民俗习惯等。粿印不再是一块木头、一方陶土，在手艺人的雕琢下，升华成为闽南文化的一张名片，打开一扇窗，带着视觉、嗅觉、味觉的愉悦，把泉州的小美好深深地刻在记忆深处。

“福、禄、寿”龟粿印

粿子：一个糯米家族

粿，是米食。大米浸泡三四小时，用手轻轻一捻，即化为粉末，搁碾里磨，可得到米浆。米浆如面，可发酵、蒸煮，做成各种糕点。蒸出像面包一样松松软软，如碗糕；制成黏性粿皮包藏花生碎、芝麻，如元宵圆；或充分反复捶打，制成硬度更大的白粿，切条下酱油翻炒，香得不得了。

单是冠上这“粿”字的食物就有：菜粿、七夕糖粿、九层粿、浮粿、清明粿、龟粿等。不叫“粿”的米制品又有：碗糕、炸枣、麻糍、米包子等，由各种质地的大米制作，最后总能得到一种“糯糯”的软弹口感，这就组成了一个“糯米”大家族，人们花费整夜的时间去等候、制作，一批上百个，一起撑起了祭祀的隆重感。

又有乞龟。泉州天后宫每年于春节期间举办盛大的乞龟活动，直接用米袋子堆成福龟形状，所用米量，达数万斤。人们绕着福龟转圈圈，心中念着：“摸到头、起大楼，摸龟嘴、大富贵，摸龟身、大翻身，摸龟脚、吃不干，摸龟尾、吃到有头有尾。”大家说的都是祝福的话。

上了供桌的食物，也是沾了福气的，父母会让孩子们多吃点。泉州下辖的永春县有一种榜舍龟，实为龟粿，由糯米、绿豆、白糖制成龟的形状，在当地很有名气，凡家中有喜事宴请、孩子过生、老人做寿，筵席最后都会奉上一份榜舍龟。人们食用这种美食有 200 多年历史。榜舍龟的名字，源自永春五里街一位制粿的人叫孙榜，因有恩于一位学政大人，他做的龟粿被尊称为榜舍龟。舍，自宋元后，泉州人便用于称呼显贵人家的子孙。

普通龟粿在泉州菜市场仍很容易买到，都是节庆时可上桌的尚好食物，有机会一定要试一试这软糯“Q 弹”的口感。

“状元”印

演员们的“开场戏”

狗舍爷画像

第一次在泉州古城看“奉戏”，心灵上受到很大震动。他们给神明也摆了座位，放在最前排。心里想着，戏还可以这样看的？神与人同坐，神也看戏吗？

那是有一年春节正月十六，是戏神“田都元帅”的神诞日，一支高甲戏班被邀约到奉圣宫奉戏三天。宫庙前搭起临时戏台，台前准备了观众席位，不过，距离戏台最近的两排好位置都空着，空位上端正地摆着祭祀用的大叠金纸。看戏的阿婆说：“那些位置是留给庙里神明的。”宫庙里主祀戏神和其他配祀神，空位和神位是一一对应的。

演员们郑重地拜过戏神后，开始台上各种唱念做打，台下街坊、路人来凑个热闹，年节相聚，相见甚欢。有些老先生听到精彩唱段，还会打着拍子跟着来两句。观众换了几拨，戏依然精彩。高甲戏演员们都知道，只要那些金纸还在，就算没有一个观众，演出也要照旧精彩，不得马虎。

这支“流动”的戏班有一辆“棚车”，戏到哪里演，车就开到哪里。随车也奉一尊小小的戏神雕像，演出前神像会被恭敬地奉在舞台正中。演员们拜过戏神后，演出才会开始。

戏神位

高甲戏演员们整理戏装

这位戏神称为“田都元帅”，泉州20多座宫庙都有奉祀这位神明。关于他的故事充满传奇，因地域或曲艺门类的不同，故事也就存在多个版本，对他的称呼也有各自的习惯。“相公爷”是泉州多数人对他的爱称，这透着人们对他的喜欢。

“田都元帅”是戏神的封号，“天下梨园都总管”是他的职务。而他的历史身份是唐代有史可查的真实人物——雷海青，一位乐理天才，精通器乐，擅于舞蹈，又有忠贞品质。

泉州民间把雷海青的形象塑成红面的将军，或坐，脚踏金狮；或舞，灵动欢快，两条粗长的麻花辫子束在脑后，嘴边还有两排很卡通的“蟹脚须”。

关于蟹脚须有这样一说：雷海青出生于泉州南安罗东镇坑口村，是一位苏姓富家小姐的私生子。出生时，族人恐蒙羞，将之弃于田野，田中竟有毛蟹趴在婴儿嘴边吐出泡泡喂养他，直到一雷姓戏班班主路过收养他。从此，雷海青便与梨园结下不解之缘。戏班长大的雷海青精通音律，善弹琵琶，能吹筚篥。唐玄宗置教坊，选乐工，雷海青应选后，又应试取得“探花”。从此，他便留在宫中，并负责管理宫内演戏的梨园弟子。

相传唐明皇梦游月宫，听得一首仙乐，很是喜欢，便要求宫廷乐师演奏。宫廷乐师雷海青凭简单的旋律就把一曲举世无双的《霓裳羽衣曲》演奏了出来，得到唐明皇的赞许…… 几年后安史之乱，雷海青和一班乐工被叛军俘获，叛军要求他们在凝碧池边的宴饮中献奏，众人悲不敢言，雷海青怒从中来，竟用琵琶掷向叛将。安禄山被辱，下令在殿前将雷海青五马分尸。据说一代诗佛王维彼时也被俘洛阳，闻此伤心，于是有了这首《凝碧池》：“万户伤心生野烟，百僚何日更朝天。秋槐落叶空宫里，凝碧池头奏管弦。”

安史之乱平定后，唐玄宗追封雷海青为“天下梨园都总管”，命天下梨园祀之，奉为戏神。

人们敬重雷海青，认为他不该只是凡胎。渐渐地有了这样的传说：雷海青本是玉帝的三太子，擅乐舞，酷爱人间戏剧，生红尘之心，玉帝便准他下凡，历劫功德圆满后回了天庭。安史之乱时，回到天庭的雷海青又带领天兵天将，助战郭子仪夺回了唐氏江山。因“雷”字大旗被云遮去一半，才被加封成“田都元帅”，这一错竟错了 1200 多年。

高甲戏演员登台表演前的点香仪式

泉州被誉为“戏窝子”。泉州南音列入世界人类非物质文化遗产，泉州提线木偶、梨园戏、高甲戏都是国家级非物质文化遗产。民间看戏氛围依旧浓厚，戏班传统依然保留相公爷踏棚才可开戏的隆重仪式。

木偶大师黄奕缺先生回忆道：“每次演出前，先要请相公爷踏棚，并自报家门吟述一番。相公爷与我们木偶班天天在一起，我们到哪里演出，相公爷也随我们到哪里。每年正月十六和八月十六两天，是相公爷诞辰和化身纪念的日子，戏班里十分热闹。艺人在相公爷田都元帅神像前摆上三牲果品，燃烛点香，敬上香茶美酒，祭拜一番。”

每年泉州木偶剧团开台的嘉礼，《相公爷踏棚》高亢的傀儡调响起，主祭高唱：“……三十六花家，十四八华行，在唱，相公到这里应当舞唱……”木偶随着唢呐、锣鼓踏步、转身、抬手、投足，就像有生命一样。相公爷面红目顺，微笑一分不多一分不少，庄重中透出的轻巧灵动，令人移不开目光。北京奥运会开幕式上的泉州木偶《四将开台》也是相公爷踏棚的一部分。

旧时开戏还有个“借台”的小仪式。传说相公爷有次和土地公打赌，以戏台

奉圣宫那场“奉戏”演出

为注，输了比赛，从此戏台归了土地公。这意味着，戏班演戏，就要先借戏台。演员们走过戏台四角，边走边唱，和土地公确认：接下来要借戏台一用，走过这一片，一会儿就还……

泉州的高甲戏、打城戏，及其周边的莆仙戏、竹马戏、大腔戏、小腔戏、四平戏、闽西汉剧等，这些热热闹闹渲染着节俗氛围的戏种，都祀“田都元帅”为戏神。泉州戏迷多，随处都会有人哼上两段、弹拨一曲。雷海青最喜欢的琵琶也是泉州人最喜欢的乐器之一。

不仅被戏曲行敬服，雷海青还被许多铺境请奉为境主神，是泉州众多保境安民神明中的一个。

泉州究竟有多少神明呢？恐怕连本地人也不一定说得全。人们总归尊称他们为什么公、什么王爷、什么姑、什么娘娘……正如“田都元帅”一样，每位神明都有各自被留在人间的理由。他们要么也曾生活在这里，要么是被人感怀。

他们的故事终究还是人的故事。

特色神明录

相伴舍人：两位南宋末帝

泉州这座日月太保宫所在位置很特别。它曾是泉州城内最大的古渡口，古称帆船穴。宫庙前一条破腹沟，很宽，将近百米，大小船只在这里停泊补给。日月太保宫建于元元贞年间，距离南宋末帝赵昺随将领跳海而亡并正式结束大宋王朝不到 20 年，而宫内祭祀的两位搭手相伴的孩童，俗身正是南宋末年最后的两位皇帝，为亲兄弟，均不幸早早结束了短暂的生命。

哥哥端宗赵昰 8 岁登基，10 岁病逝；弟弟赵昺在崖山跳海而亡时年仅 8 岁。端宗是在福州登基的，当时还是卫王的赵昺封地是泉州，然而朝代已迫近晚节，金兵南逐，两位幼帝几乎一路在逃亡奔波，最终成为朝代更迭的牺牲品。

人们悲从中来，为幼童悲，为时代悲，立庙祀之。但当时元朝刚建立，为避免引起朝廷猜忌，塑孩童佛身，对外只声称是守护儿童的普通神明。日月取自末帝兄弟姐妹名字中的“日月”之说。

日月太保宫内藏有一对数百年的黑面孩童佛身。他们头戴金冠，身披锦绣龙袍，拥抱在一起，一人抚其脸，一人扶其腰，如此相依为命，非常亲密。距离日月太保宫不远有一条楼仔巷，巷底有一座铺境称辅德庙，庙内也供奉孩童佛。

泉郡日月太保宫前的破腹沟如今收缩至10多米宽，已不再是人头攒动的运河，而是作城市排水泄洪、园林观赏之用，它的一段辉煌历史随时代远去了，但人们依然怀念如烟往事。宫庙内现存一个造型奇特的龙头，有一对绿翼，不像鱼鳍，却像天使之翼，长半米，因常有戏班来借演，才又重塑了一个，如今是一对。

主事的赖老先生称龙头为“嗦啰嗹”，更确切地说，“嗦啰嗹”是日月太保宫过去的一种盛大习俗，于农历五月粽水端午节，抬龙头踩街，一众身穿道具服的水族跟在后面，虾、蟹、鱼、鲎，敲锣打鼓，唱采莲歌，上百人的阵仗，非常热闹。过去单单他们一堡社的人，就可以凑足人手举办一场踩街，如今年轻人往外迁居，想要凑足人手就很难了。

2008年，泉州的“安海嗦啰嗹”习俗被列入第二批国家级非物质文化遗产保护名录，每年会有踩街表演。然而，对于泉郡日月太保宫和那条静谧的河水来说，岁月仍是寂寞了些。

“嗦啰嗹”龙头

七娘妈与床母：拜托照拂至16岁

七月初七是中国人浪漫的七夕节。在泉州，这天还要为一位七娘妈过节。也有说法，认为七娘妈不只是一位，而是七位神娘。家中挂有七娘灯笼，意味着父母曾为孩子与七娘妈达成一份契约。每年七夕为她们准备地道美食敬奉，少则五味，多则可以凑足十六味，以示隆重。最重要的是提前备一份甜粿，由糯米与糖制成红白两色圆子，轻轻压扁，作单口酒窝状。

红色的七娘灯常年挂在家中，底部设有香插口，为日常点香用。逢年过节、孩子过生或者随心发愿，都会为七娘妈上上香。七娘妈是幼童的守护神，一般只陪伴到16岁。初结契约称“新契”，16岁再举行“洗契”仪式，感谢七娘妈16年来护佑孩子健康、平安长大。

举行新契和洗契仪式，往往需要较多道具。这些道具的制作主要由城内的金纸店承接，多与“七”有关，如七娘神灯、七娘轿、七娘亭、七花七粉、七金七银等。七夕这一天，有些家庭还会拜一位床母神。床母神也是孩子的守护神，从孩子出生便专职守在床铺边，一直照拂到16岁为止。

狗与耈：挂披风，戴肚兜

白狗庙有一段庙史稽纪："本庙原奉祀毗舍爷，为嘴尖而不吐舌，金身漆白之泥塑雕狗神耈，耈故得白狗庙之称。"随后又说，清初府志就载有此庙名，追溯为明永乐年间，锡兰国王子巴来那隐居泉州后建造的古婆罗门教祭坛……锡兰世族逐渐汉化后，本地名士遂将白狗庙雅化为白耈庙。

白狗庙内，确有一只温和蹲坐、通身白色的狗，身后挂一件披风，专家考证为印度洋山神的化身。锡兰王子的传说也在20世纪末经考古挖掘确认后裔仍居住于泉州，改"世"姓在此繁衍数代。此事不仅引起"锡兰公主"年度话题，也引发中国与锡兰国两国的"民间公主"外交。

这只是印度教白狗，泉州本地还有自己的"天狗"，也是动物塑像，做吐舌状，腹前挂一红色肚兜，配祀在一些宫庙里，称为狗舍爷。民间将狗舍爷认作儿童的保健之神，时有换肚兜的做法，求得育儿安宁。

后城祖师宫内又有一尊石狮子，似白狗身披红绸，又如狗舍爷胸挂红肚兜。泉州的石狮信仰广泛，这尊装束却比较特别。

祖师宫内的萌狮子

泉郡富美宮金字匾額

后富美公羊：走到哪里，吃到哪里

泉州城内至今仍有一句歇后语：后富美羊公——走到哪里，吃到哪里。

这句歇后语源于泉郡富美宫放生公羊的敬献之俗。自古，以羊祭祀称为“少宰”之祭，规格甚高。富美宫内主祀西汉名臣萧太傅王爷，是王爷行宫，规格也高。因宫庙位于泉州古渡口，历来有海上送王船的驱瘟祈福习俗。该习俗于2020年列入联合国教科文组织人类非物质文化遗产代表作名录。据记载，富美宫送出的王船近百艘，在台湾泉郡富美宫分灵达2000多家，足见这间宫庙曾经的威望。

据说神羊的说法与这位萧太傅有直接关系。一说萧太傅为人至孝，用公羊牵引小推车载母亲出游；另一说羊性温顺，以跪姿吮吸母乳，也是褒扬萧公孝行。

从前，富美宫祭羊不杀，放生的公羊，脖颈上挂有牌子，角上刻有“富美宫”记号。这羊白昼外出游逛觅食，夜晚回宫卧于庙下，民间视作“神羊”，人不敢伤。后来出现扰民现象，羊任意吃果蔬庄稼，民间多有怨言，于是才有了那句歇后语。

如今为免扰民，宫庙主事将公羊圈养在红砖红瓦的小屋内，时而放生外出觅食，形成一道独特景观。

承天寺的回廊

城市·此心安处

开元寺的红墙

寺院园林：
一音入耳来，万事离心去

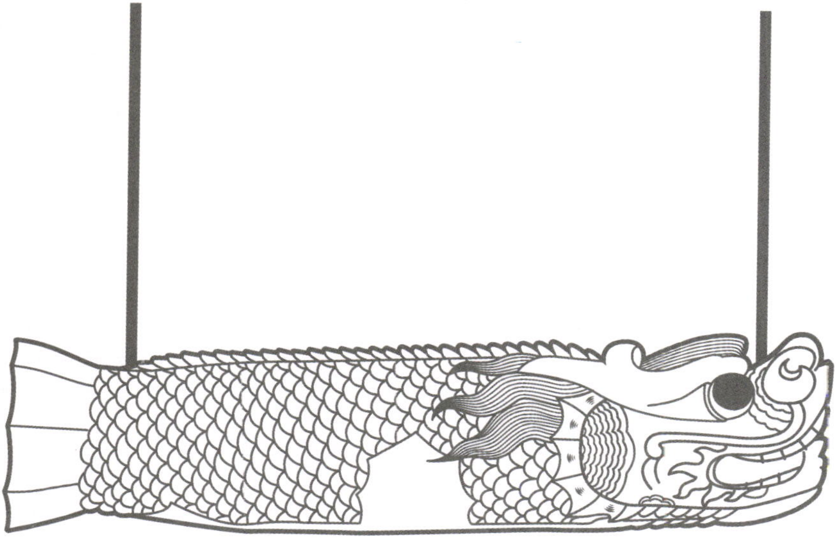

承天寺回廊下的木鱼

泉州古城内佛家寺院与人居皆近。享有盛名的大开元寺始建时，仍属于城外，如今已是古城最热闹之地。最年轻的慕西觉苑建于 1937 年，所在地曾是一处枣园，亦有古井，是城北陈氏私属地。陈氏舍地予开元寺退居下来的主持转逢老和尚，枣园因此改建成了佛院。原先寺名只暂时取“新寺”二字，后由驻锡泉州的弘一法师更名题字为慕西觉苑。

慕西觉苑，有音韵，字面上也有美意。大概也因如此，前些年泉州有几位美术系、音乐系的大学生选择到慕西觉苑皈衣。皈依不等于剃度出家，只是在佛门登记注册，得一法名。因为有人觉得“法名”比起真名好听。当代作家木心曾说自己小时候做和尚，有芒鞋袈裟，认为“模样非常时尚”。广东韶关东华禅寺在 2015 年时曾发出一则“我佛要你”的招聘文案，别开生面。文案是这样：“半月可在林中静寺松神经，半月可在都市工作。知你是个人才，望与你究‘禅’不休，你还在等什么？”结果引来 4000 多份简历。

古之寺庙，今之园林，都是心安之处。心安下来，便能重新去思考许多事情。清理从前认为重要的事，思绪转换一番，也就放下了。因此，寺院不离住家太远，确实是件很方便的事。正所谓闹中取静，庭院深深深几许。

承天寺回廊

蒲团

这几许的意境，要看布景造园的功力了。举泉州的承天寺为例。寺院位于南俊大街，隔墙是一所小学，从早到晚都热闹，处处是不绝于耳的车水马龙声。但入寺门，立即就得一副门联：入不二法门，得无量自在。山门横匾是承天寺的别名“月台”，名字好听。入了山门，先迎来一条小径，沿路一侧是高大的榕树，与7座佛塔相映成趣。那佛塔的塔肚又圆又大，实在又圆又大，好像弥勒佛的大肚，让人很想上前去摸一摸抱一抱。小径过后，就开始过殿，有怒目圆睁的佛像，也有行而不语的香客，气氛肃穆。寺院可以自由行走，只是不要随便打扰到香客。主殿前的拜庭，有石栏池畔，绿榕高耸，石经幢交叠，组成了山水庭院，能尽情休憩。

唯有一景，需特别时刻才能欣赏。承天寺每日傍晚有法课，众人一起念诵佛经。上课前会敲钟，由三种法器交替递送清音。白日里人声嘈杂，需要仔细聆听。三种法器，一为大雄宝殿廊檐下的如意云片，一为大木鱼，一为行走的小木板，称醒板，由一位师父提着一边走一边拍打。醒板声音如春天的小森林，发出“快快快”的轻快声；云片声音似晨钟“当当当”，有余音缭绕，属木鱼的声音最短而笃。三种声音按一定顺序交替行进，清音递送，不断回响。

一位师父说，每日清晨4时，寺院的钟楼和鼓楼都有轮值的师父，他们相互配合着，产生递音节奏，让钟鼓声响彻整座寺院。彼时还有师父绕寺院清唱佛乐以唤醒众僧。“那一刻的寺院很让人幸福。”师父说。

关于寺院里的大木鱼，台湾作家林清玄曾写过。他说，木鱼的眼睛为何要那么大，像拳头一样大，为什么又是木鱼，不是木虎、木狗或木鸟？寺里的师父告诉他：“鱼是永远不闭眼睛的，昼夜常醒，用木鱼做法器是为了惊醒那些昏惰的人，尤其是叫修行的人志心于道，昼夜常醒。”

林清玄又问，但是那么长的时间做些什么？总不能像鱼一样游来游去吧！

师父笑了起来：“昼夜常醒就是行住坐卧不忘修行……”

承天寺那只木鱼圆鼓鼓的大眼睛，竟是这样的意思。那么，倘若不能静心安处，就去望一望这只木鱼的圆眼睛，常自惊醒，多生智慧。

常在泉州古城的寺院逛，就会发现，有人拜的寺院是很香的。泉州人喜欢用百合花供奉。百合花有红百合和白百合两种，都是鲜花常供，时换时新，因此从殿前的香案经过，就容易闻见馥郁的百合花香。

花香又混合着料香，后者是各种寺院宫观都有的一种燃香，插在香炉里，或

承天寺木鱼

者手擎在额前礼拜，香气清劲幽远。

南宋时期，在泉州市舶司当差的官员叶庭得益于职场便利，接触大量从印度、苏门答腊、东南亚等国远舶而来的香料，并写下一本《番香香录》。全本已佚，却有部分摘录于其他古本中。其中提及降真香："出三佛齐国及海南。其气劲而远，能辟邪气。泉人每岁除，家无贫富，皆热之如燔柴。"

因为香料大量过境，泉郡人竟无论贫富，家家户户都燃香如烧柴。那种处处烧香的氛围，大概正是如今寺庙里的香氛了。

清音、闻香、冥想，像是到寺院散心的三部曲。

那位题下"慕西觉苑"寺名的弘一法师便常引人遐想。他将出家比喻为为众生当老师。在俗时一身才华，出家后自持戒律极严，乃至成为南山律宗第十一代宗匠。泉州开元寺、承天寺都有他的塑像、展馆。

有位朋友从高中起便阅读许多与大师有关的书。她说，法师的一生曾绚烂至极，又归于平淡。她自己的人生也要如此。"相信生命是无穷无尽的，进一步有进一步的欢喜。"她说。因为这样积极的想法，她很愿意平衡工作与热爱的事情，相互妥协一点没关系，最重要的，是朝着"进一步"的方向迈进。

弘一法师，俗名李叔同，出生于天津一个富裕之家，对文学、书画、金石、音律、话剧都极为精通。父亲在他童年时过世，家道也因此日渐衰弱。他对母亲至孝，娶妻之事是听母亲的。母亲过世，他悲痛不已，改字李哀，随即赴日本东京美术学校留学五年，并携一位日籍妻子回国。

光晕下的寺庙一角

李叔同填写了那首家喻户晓的《送别》，被誉为20世纪最优美的歌词："长亭外，古道边，芳草碧连天。晚风拂柳笛声残，夕阳山外山。天之涯，地之角，知交半零落。一壶浊酒尽余欢，今宵别梦寒。"

据说，当时李叔同已从日本归国，正辗转于上海、杭州、南京等地的学校任美术、音乐老师。一年冬天，友人许幻园唤出李叔同，说："同兄，我家破产了，咱们后会有期。"友人告辞后，李叔同长站于雪地里，返屋后即在一首西方名谱上填出了《送别》的歌词。

对人世怀有如此深情的人，最后还是舍弃了红尘。1918年夏天，李叔同正式落发出家，法名弘一。人们后来发现，他总在求赠的书法作品上落不同的名字，算起来竟达200多个。承天寺月台别馆内的一本《弘一法师简传》里提及这点，说他这么做是希望：从此世间再无一个固定的自己。

还有一些故事。

从前，有一名青年人与大师结缘，要去泉州中山路一家照相馆照相，走着走着，大师忽然放慢步子。青年人问，大师小声地说："（前面走着一位个子不高的和尚）这位就是承天寺的转尘大和尚，他岁数比我大，出家比我早，是老前辈，所以我这时要慢一点走，不能走到他的前头。"

弘一法师纪念馆

宫庙内的小木鱼

有段时间，弘一法师为到处演讲、常常见客而深重自责，谈及泉州永春县一名 15 岁孩子特意给他写一封信，劝他“要养静用功”，信中又谈自己近来的生活，如吟诗、赏月、看花、静坐等。大师以收到此信为庆幸事，并以十分坚决的心谢绝宴会。

这些生平故事，泉州人多能谈上一两件。有次在银行办事，等闲时拿本弘一的书在看，一位大堂经理见到书名，也有了兴趣。他说，对弘一怎么能不知道，他上初中的儿子了解得更多，能像说书一样说很久。

弘一法师人生最后的 14 年都在闽南，仅泉州即停留了近 8 年。1942 年 10 月，弘一法师于泉州晚晴室内圆寂，留下四字绝笔：“悲欣交集”。这一纸偈语，常引人遐想。僧俗都好，皆为人的一生，时而自责，时而欢喜，不断自我惊醒地反思前行。

“一音入耳来，万事离心去。”常想去寺院走走，便是出于这种心情。一音，是弘一曾用过的别名。他为开元寺天王殿的石柱补题泉州两句千古名颂：“此地古称佛国，满街都是圣人。”对联的底部，便有“一音”两字。

古城寺院园林

听经开元寺

开元寺正殿前的拜庭，常有鸽子聚集，引人来喂食。鸽子胸脯浑圆，几乎要扑到地上，一尘不染，通体洁净。有白鸽，也有灰鸽，到了午时，三四十只，聚集在庭院，咕噜咕噜地啄食，可与人完全地亲近。大雄宝殿屋脊上也有泥塑鸽子，是脊兽。传说，这些鸽子因为日夜听经，竟有一只生了佛性，转世为人，来到开元寺当和尚，做了许多功德。

开元寺腊月二十六勤佛节，是一年中最为隆重的庙会。据寺僧讲，它起源于抗战时期，民间流亡饥馑者众，泉州当地财主集结行动，在各寺庙里舍财施粥，开元寺是其中一大施粥场，后来便把每月农历二十六固定为勤佛法会，意在为众生祈福消灾。

腊月二十六那场，因临近年节，处处洋溢着节前喜悦的氛围。前一日腊月

开元寺白鸽

二十五，开元寺外的西街就陆陆续续地布满了鲜花和斋果，沿街小铺销售各式吃食，还有销售陶瓷工艺品、皮带衣物等小商品。最好看的还是人们手捧一束束大百合，花香馥郁，花口热烈地朝上，洋溢着生活的热情。

因为勤佛节，寺院终日不闭，人们通宵达旦地到寺院里上香。腊月二十六早晨，才是正日。所谓“勤佛”，即信众在寺僧引领下绕佛而行，先于大殿内念诵佛经后，由主法和尚带领众僧、居士、香客、游客按一定路线绕寺院行走，一步一念诵。整个仪式对外公开，围观者众。

寺院后厨几乎也是连夜地准备斋面，任何前来的香客、游客，都可以热气腾腾地在冬日暖阳下享受一份“消灾面”。

北宋石经幢

寻宝承天寺

承天寺有“闽南甲刹”之称，规模虽不及开元寺，但景致上却更迂回环绕，是闲逛休憩的好去处。据寺僧讲，承天寺有镇寺三宝。

一宝为一尊隋朝铜铸的阿弥陀佛像。像高 2 米，重 1 吨多，至今仍被供奉于城市寺院内，较为少见。

二宝为大悲殿。殿内四面均供奉观音塑像，南面佛龛奉明代千手千眼十一面观音菩萨塑像，北面奉铜铸十一面四十八手观音，东西两侧奉立姿如意观音和净水观音。主殿造型巧妙，呈八角形三重飞檐，藻井由斗拱层层迭架，端庄壮美。

三宝为正殿前的飞来古塔。由六角、八角、莲花纹、瓜棱纹、圆柱形、方形等各种形制的石头层层垒砌。这座“飞来古迹”有两三个传说，塔边也有碑文记，但又与寺僧所说不同。

寺僧说，承天寺曾有一位老和尚要北上面圣，一名小和尚执意跟从。老和尚叮嘱小和尚，面圣时不许乱讲话。小和尚转眼忘了叮嘱，为邀功竟说承天寺内地底下藏有珍贵佛经，皇帝龙颜大悦，立即命人掘地寻宝，果真找到大量佛经。为奖赏小和尚，皇帝便命人建一座石塔纪念此事，并称一定在他们回寺前完工。

除这“三宝”外，承天寺还有一尊重要的国保单位文物，位于寺庙后殿，是一座北宋时期的石经幢。碑文记载，幢高 7 米，八角十三层，布满莲瓣、云纹、佛像、云龙等各式雕刻，又刻有佛顶尊胜陀罗尼经文，极为珍贵。

崇福寺影壁上书“松湾古地”

松湾崇福寺

《晋江县志》载：“崇福寺故在城外，宋初陈洪进有女为尼，以松湾地建寺，拓罗城包之，名千佛庵。太平兴国中，赐名崇胜；至道中改名洪钟；元延祐六年（1319）改名崇福。”

因其一念，竟引起如此大的城变，令父亲大笔一挥，将松湾古地填成了寺院，城外变成了城内，从此又新增一千佛修禅之地。此地古称佛国，原为出世又不远离于世。

寺有三宝。一宝应庚塔，北宋文物，身已倾斜，却历久不坍；二宝千人鼎，高 2 米，传说能供千人饭食，正应了千佛庵之名，今已损坏；三宝大洪钟，高 2 米，朝朝暮暮，钟声辽阔，为泉州八大景之一，寺名一度改名洪钟寺。现存大洪钟仍悬于钟楼。

习武南少林

泉州素来有尚武之风，历史上出过俞大猷、郑成功、施琅等一干功成武将。民间又有俗语“拳头烧酒曲”，形容每当夜幕降临，辛劳了一天的人们相约而至，在庙前街口论武习拳，或聚集一起喝酒听南音，是谓“泉南处处少林风”。

清末成书的《少林拳术秘诀》称:“斯时国内有两少林，一在中州，一在闽中。”所谓闽中，经考证确认为泉州，即泉州东禅少林寺，俗称南少林。如今少林武术表演成为游览泉州的一大项目，其中尤以“一指禅”功夫为世人啧啧称赞。

少林寺武术表演

读一封来信：这里是世界多元文化的展示中心

泉州四翼天使简笔画像

我们提及的这封信，摘自英国著名汉学家亨利·裕尔的《东域纪程录丛》。这是一本重要的汉学著作，收录许多西方人记录东方的资料。其中就有这一封来自中国南部·刺桐的安德烈的信。刺桐，是一种春夏之交开花的树，花瓣似辣椒，颜色也红得如辣椒。唐始，泉州已遍植刺桐花，海上贸易繁荣起来后，外国人渐渐用“zayton”指称泉州。安德烈·佩鲁贾也在信中使用这个名字。他是一位在泉州去世的天主教主教，意大利人。在寄给罗马教廷的信中，他这样写道：“在大洋海岸有一相当大城市，波斯语称之为刺桐。城内有一富有的亚美尼亚妇人，建一座十分雄伟华丽的教堂，后来总主教将此教堂作为总教堂。”

泉州海外交通史博物馆讲解员皓婧为许多游客讲解过安德烈的故事：

1307年秋，年仅16岁的少年安德烈与同行的6位天主教修士从意大利出发，前往东方繁荣的都城，元大都。1313年，最终到达大都只有3人，另外4人死在了来中国的途中。也就在这一年，天主教在泉州设立新教区，一位侨居泉州的亚美尼亚贵妇出资，建造了一座华美的教堂。10年后，已经32岁的安德烈接受教廷委派来到泉州，担任第三任主教。

安德烈来到泉州后，决定干一番事业。他考察了泉州的文化氛围，甚是欣慰，盛赞："在此大帝国境内，确有天下各国和各宗教派别之人。所有人皆可按照各自教派而生活。"不过，他很快发现传教工作举步维艰，因为在泉州，安德烈需要面对的不仅有佛教、道教、儒家等中国传统信仰，还要与随着丝路贸易传入中国的景教、伊斯兰教、印度教以及摩尼教等外来宗教争抢"市场"。

这个"宗教市场"有多庞大呢？另一位意大利犹太商人雅克·德安科纳更为生动地描述这一情况：

这个城市非常开放和自由，外国人实在太多了。我看到阿拉伯人、波斯人、印度人、法兰克人、犹太人、亚美尼亚人、土耳其人、英国人、西班牙的阿拉贡人、埃及的亚历山大人以及来自意大利的威尼斯、热那亚、比萨、安科纳的商人……每个民族都有自己的住居区。它简直是一个民族的大杂烩，据说有 30 个民族之多。阿拉伯人非常多，大概有 15000。犹太人也有 2000 人，还有两座犹太教堂。因此，你在城内可以听到 100 种不同的口音，就仿佛是整个世界的一座城市。（原载于 1999 年出版的《光明之城》）

10–14 世纪的泉州，实在是一座不可思议的城市。如果仅是因为经济上的吸引力，仍难以想象泉州本地人是如何看待、包容来自世界各地的人。他们穿着不同的衣服，说着不同的语言，带来不同的生活习惯，还要为自己建造不同的寺庙、教堂。如果您来过泉州，逛一逛如今 6.41 平方公里的古城，可以说很小很小的，人们平时最喜欢骑着电动车，上下班在城里自由穿梭。"一辆电动车就够了。"年轻人经常这样说。

藏于泉州海外交通史
博物馆的
四翼天使石墓碑

就在这样的小城里，却曾经像“整个世界”一样。如果我们现在是在说某个古都遗址的故事，倒不觉得那么紧迫地想要了解更多一些。因为它们的主要使命已经结束了，如标本一样，保持一定神秘是它的美的本身。但这方面，泉州则是非常奔放的，仍是一整个蓬勃的生命体。它是一块海绵，而且还进化出了超强的吸附能力。

1946 年，安德烈・佩鲁贾的墓碑在泉州一处城墙基内被发现。石刻受磨损，但依稀辨得上面有十字架与飞天雕刻，又有九行古拉丁文记录着：“刺桐城”“主教”等字，纪年模糊，似 1332 年又似 1327 年。

但无论是 1332 年，还是 1327 年，安德烈都属英年早逝。他于 1326 年仍写信告慰乡人：“我现在身体健康，就年岁而言，堪称精力充沛，除发须已白，别无任何其他年迈所遇之缺陷、不测之事和特征。”之后发生了什么，我们无从得知，但显然，我们借着他的只言片语，读到了一段历史、一种可能、一种文化。

我们联系皓婧时，她已离开泉州，远赴英国伦敦继续博物馆教育研究生的学习。伦敦与泉州有 8 个小时的时差，在故乡的凌晨、伦敦的午后不停逛展，看过诸多展品后，她深夜慨叹：“当海量的艺术品扑面而来时，抓住我的无非是那些能够让我想起所爱之人的作品。”

对那些静静地躺在海交馆里的 400 多方石刻，她突然有了新的理解。在伦敦生活了半年，经历了安德烈般的异国远行之后，她感慨道：“当我再看这些石刻的时候，它们不只是石刻了，而是几百年前另一个时空的另一个我。”

藏于泉州海外交通史博物馆的安德烈石墓碑

“番”外故事

番，也作蕃，闽南民间习惯指称外国或外族。泉州的城南曾是外国客商居留之地，因此称“番坊”。华侨在外打拼，衣锦还乡，人们便道“番客回来了”。后来，“番客”也被镌刻在外国人的墓碑上，写着“蕃客墓”，墓文全是看不懂的阿拉伯文、古拉丁文。这样的番外石刻在泉州海外交通史博物馆有 400 多件，主要为基督教、印度教、伊斯兰教三大宗教石刻。可以透过它们，读一读当年令安德烈困惑不已的宗教现象。

藏于泉州海外交通史博物馆的印度教石刻

藏于泉州海外交通史
博物馆的
毗湿奴石造像

刺桐十字架

20 世纪初，泉州陆续出土一批石墓盖、石墓碑、寺院石构件。石墓碑中，刻着元代的官方文字“八思巴文”，文字上方是浮雕的十字架与卷云图案。1954 年，英国学者约翰·福斯特在《英国皇家亚洲学会杂志》发表《刺桐城墙的十字架》。此后，西方学界以“刺桐十字架”概称这些在泉州出土的最富装饰、最多图像的基督教古石刻。

泉州海外交通史博物馆收藏数十方记录这些神秘符号的石刻。通过对十字架、天使、莲花、云纹、华盖等图案以及叙利亚文、八思巴文、拉丁文、回鹘文、汉文等文字的组合分类，这些石刻上的十字架呈现出 24 种不同的样式，基本可以

藏于泉州海外交通史博物馆的宽袍天使碑

藏于泉州海外交通史博物馆的刺桐十字架

归为五大类，分别是：四臂等长呈正方形且尾端华丽装饰的希腊十字架、臂端缀有珍珠的波斯十字架、交叉点有圆圈重叠的凯尔特十字架、由 4 个“V”字形组成的马耳他十字架以及由这四种风格混搭的十字架。

早在 7 世纪，基督教就沿丝绸之路从遥远的东罗马帝国到达中国，内蒙古、新疆、北京、西安、扬州等地均有出土古基督教遗物。与它们相比，泉州的基督教石刻在数量上虽无法称冠，但“刺桐十字架”却是最富装饰、最具图像的基督教遗存。

藏于泉州海外交通史博物馆的印度教财富女神拉克希米龛状石构件

锡兰公主

1925 年，泉州学者吴文良在模范巷的白耇庙发现了两方石刻，经学界研究判断为古代锡兰的印度教石刻。吴文良翻尽文献资料后得知，泉州府志里记载锡兰王子留居温陵，且改“世”姓在此繁衍后代，通淮街也有“世氏地契”的存在。

锡兰王裔真的存在吗？

直到 1996 年，一位海交馆研究员才在清源山麓发现了锡兰后裔的墓葬群“世家坑”。随后有关“世家坑”的新闻满城飞，终于隐姓埋名的后裔许世吟娥现身了，说出自己的家族秘史。

结合史料与世氏族谱，真相逐渐明朗起来。明代作为使臣来华入贡的锡兰王子“昔利把交剌惹”因锡兰国内政变，“遂家温陵”，在此取“世”姓生活。至许世吟娥高祖一代，“只有姐妹三人，无兄弟，故招许氏入赘，开始采用复姓许世”。

就这样，泉州民间忽然多出一位“锡兰公主”。听闻消息，锡兰国也发来承诺：“若是许世愿意返回故土定居，愿意赐予土地。”但许世吟娥没有接受，而是继续生活在泉州，在后城古玩街经营着一家“惜兰轩”古董铺，墙上挂满了自己常去斯里兰卡交流的活动照片。

除此之外，她过着普通人的生活。民间对这样不可多得的故事却很感兴趣，常常有人提及她，带着不可思议的语气——

“你知道吗？泉州有一个锡兰公主。”

“锡兰公主的儿子，我们都叫他小王子。”

伊斯兰在泉州

海交馆内藏有 250 方伊斯兰教石刻，曾有数以万计的阿拉伯人、波斯人聚居于此。14 世纪的泉州城就建造有六七座清真寺。目前生活在泉州的阿拉伯人、波斯人后裔还有六七万人，以陈埭丁氏家族人数居首，其余还有金、夏、马、郭、葛、蒲、卜、哈、铁氏等姓。

涂门街的清净寺里，每年仍在举办重要的开斋节和古尔邦节。开斋节是庆祝一个月的斋功圆满完成，泉州穆斯林会在这天早早地沐浴更衣，上午到清净寺拜斋，再由阿訇带领前往灵山圣墓“游坟”，悼念先人。

古尔邦节，穆斯林会到清净寺举行盛大的仪式和庆祝活动。大家一起礼拜、做饭、聚餐、庆祝。

泉州丁氏后人还会在春节时在门楣上张贴对联，对联内容是《古兰经》的箴言。他们也会效仿汉族修建祠堂。

番佛寺与印度女神

如果说基督教与伊斯兰教石刻背后更多的是异乡人的故事，那么泉州出土的印度教石刻则更具观赏性与想象力。地方史上有记载，泉州曾有一座印度教寺庙，叫“番佛寺”。如今人们也陆续在城内找到印度教寺庙的石构件。20 世纪开元寺重修戒坛，出土 11 方兽面印度教寺庙石刻。如今寺内大雄宝殿月台须弥座下就有一排狮身人面像石刻，应是由印度教寺拆下移入。大雄宝殿后回廊檐下，也有古印度石柱两根，皆由灰绿岩石雕成。

相比其他宗教石刻上繁缛的文字信息，印度教石刻美轮美奂，奔放而可爱。海交馆内展出的毗湿奴造像，虽然手掌与肘部有部分断节，但石像雕刻的手法却简朴而圆熟，而且妆过金身。它们皆来自那座消失了、金碧辉煌的番佛寺。

1987 年，考古人员在泉州一个村子发现一座属于湿婆之妻的神像，并发现当地村民早已将“女神”当成观音菩萨供奉了几十年。这使人想起一部闽南语院线电影《番薯浇米》中一个镜头：女主角林秀妹在草丛中发现许多被丢弃的神像，她将之全部捡回，放进路边小庙。林秀妹将这神像清理干净摆在神龛上。一字排开耶稣、妈祖、土地公……

海上冒险者的幸运女神

妈祖画像

单是默娘这个名字，就叫人很想听一听她的故事。大概除了观音以外，就是这位女神在全球享有最广泛的知名度了吧？许多国家和地区都有她的专属庙宇，妈祖是默娘更广为人知的名字。法国民族学员谢鲍尔博士在巴黎创建真一堂供奉妈祖，称她为世界和平女神。闻一多先生在他脍炙人口的《七子之歌》中提及的“Macau”是指澳门。而这个英文名，与“妈祖”有着显而易见的音译关系。

400 多年前，澳门仍叫“耗境”，是葡萄牙与中国大陆贸易的主要补给港口。葡萄牙初抵澳门，据说在妈阁庙登陆。他们询问渔民，这是哪里，渔民以为问寺名，答“阿妈阁”，葡萄牙人就称澳门为“Ama Cao”，后来转化为葡文“Macau”。日本的长崎、横滨、神户等地都有奉祀妈祖的庙宇。据说很久以前日本当地就流传着妈祖的传说。

林默娘，是妈祖生前的名字，生于福建湄洲岛，约宋时期，生平的传说很多。默，是无语，因此也说她从小失声。有一个版本是，默娘是个哑女，但自小聪颖，能观天象，海上欲起风暴，能提前预警族人。

因是渔女出身，妈祖与“海上冒险者”关系最密切。渔民将妈祖神像供奉在船头的神龛内，有时也会带上她的两名扈从千里眼和顺风耳，“船上的人对她的敬礼很勤，每天一早一晚，总要用高香长烛在她的像前燃着”。

位于泉州古城下游七八公里的蟳埔渔村，拥有美丽的夕阳江景，蓝色的大渔船趁涨潮归港后，齐整整地休整在码头，像一头一头搁浅的大蓝鲸。渔船上都有妈祖佛龛。我们向一位船老大申请登船参观。佛龛位于渔船二层阁楼船老大的操作室内，正对着操作台，但没有妈祖像，只有香炉，香头在香炉内插得满满当当。

“您每天上香吗？”

“要，清晨起来就上一炷香。”船老大回答。

船尾立着一支黄绸锦缎的妈祖旗，被风浪撕出条条布絮，4个月前在开渔时刚挂新，现已经旧成那样了。那日阴天，江风似小扫帚扑在脸上，渔民们说：“海上的风是城内的3倍，这时海上该有八九级了（这个级别的风，渔船一般会选择回港），浪高3米，海水不停浇打在人身上，渔船晃来晃去的，基本作业不了。”

夜里，渔船也不休息。阁楼的操作台上有两种仪器，一个是探照灯雷达，另一个称为防瞌睡闹钟。夜晚的渔船要不停在海面移动，才能使船尾渔网始终处于张开作业状态。人不能睡。防瞌睡闹钟每三分钟会叫醒一次值守的船工，探照灯雷达不停地在海面搜索，发现靠近的渔船并向对方发出阻止信号。

无论怎样询问渔民，他们都不会轻易告诉你海上的风景有多美，不会告诉你旭日初升有多难忘，香鲸跃过水面有多么激动人心。他们的心情复杂而平静，如同码头拴上的粗缆绳，晒旧了炸开后露出的五颜六色的彩条。

泉州天后宫正殿后方保存着一幅清代妈祖庙的大型壁画

连同他们的妻子，远近闻名的蟳埔渔女，也不擅于喜形于色。但她们喜穿花色上衣，长长的秀发几乎一辈子不剪，盘在脑后，戴上鲜花编织的发髻，称簪花围。每年正月二十九的妈祖巡香日，蟳埔女盛装参加，人人头戴簪花围，像盛大的花海。仪式隆重，以祈妈祖庇佑。一朝一夕，世世代代。

有意思的是，这些需要妈祖娘娘保护的海上冒险者，有时不是人，而是另外一些神明。

位于泉州城南的泉郡富美宫因古富美渡口而得名，主祀西汉名臣萧太傅，人称萧王爷。整座宫庙连襟渡口经济，达到过很高地位而获誉“天下王爷总庙”，其中最为隆重的王爷习俗，正是2020年底被列入联合国教科文组织人类非物质文化遗产代表作名录的“送王船”。

清乾隆版《泉州府志》有载：“是日（五月）无定日，里社禳灾……以纸为大舟……焚之……近竟有以木舟具真器用，以浮于海者。”意思是，人们扎纸船，祭祀焚烧，以消灾祈福，后来竟改用真木船，漂于海上。

1903年，一名叫小川一真的日本人拍下一艘漂洋过海到达台湾苗栗外埔的王船照片，就是泉郡富美宫祭祀送出海的挂帆木舟。这样的王船很好认，因为船上放有活羊、活鸡、水果、美酒、香等祭祀品，又有出巡王爷、海神妈祖等佛像，台湾渔民一看便知，还会把安全抵达的大小神祇供奉起来。

妈祖娘娘这时候也要上船，作为王爷们的保护神，安坐于王船上，履行海神

2019 年，运载“王船”到天后宫请妈祖神像

2019 年，“王船”在晋江边焚烧

使命。2019 年富美宫复兴一场“送王船”仪式时，造一艘小木渔船安放于轮轴上，100 多人踩街上路，浩浩荡荡地将王船送到泉州天后宫妈祖庙前，专请妈祖香火，安妈祖神像。后来这艘王船在晋江边焚烧，火光冲天，称“游天河”。若下海漂泊，则为“游地河”。

其实，泉州历史上至少有过三位海神，除了妈祖，另两位分别位于“泉州：宋元中国的世界海洋商贸中心”的两处遗产点上，一位是九日山昭惠庙的通远王，一位是真武庙的玄天上帝。海神的迭代与政治、经济环境有很大关系。

历代朝廷曾不断敕封妈祖，祭礼被列入过国家祭典。这位海神的晋升之路为：宋代称圣妃，元代升天妃，清代封顶天后。即便明代有海禁政策，妈祖信仰在民间并未弱化，连郑和浩浩荡荡带领 200 多艘船队下西洋时，仍要沿途祭祀妈祖。

妈祖曾被元世祖称为“泉州神女”，这表明了当时泉州在海洋贸易中的政治地位。宋元时期，泉州将自己出色的经商能力与冒险精神结合，将世界各国的人吸引来，以包容的文化将一座小小的城市打造为世界性的海洋贸易中心。借此东风，妈祖信仰也在世界各国广泛传播和发展。

“如果把全世界的妈祖庙连缀成图，那么会惊喜地发现，这一袭大网络，仿佛是一幅古代海上交通史图。”

如今，泉州天后宫是海内外祭祀妈祖现存规格最高的宫庙。从建筑上说，它依然保留着“前殿后寝”的建筑布局，是众多妈祖宫庙的建筑范本，海内外分灵非常多，而“妈祖信俗”也被联合国教科文组织列入了世界非物质文化遗产名录。

正月二十九：妈祖巡香

正月二十九是泉州蟳埔妈祖“巡境添香”日。这天，由村里最高神明即妈祖巡视村里每一个角落。妈祖所到之处，家家户户设香案桌，桌上插妈祖旗、摆供品、香炉里点着三炷香。巡香队伍中有一座香亭，亭内有一大香炉，炉内装满点燃的贡末，即香末，专为每家每户添香。香亭一边行走，一边添香，全程不熄灭，周围都是芳香。在蟳埔村，妈祖不仅是海神，还是铺境地主神。泉州天后宫每年也有乞龟活动，海峡两岸妈祖信众以此为祖庙，民间交流频繁。

泉州蟳埔码头一艘大型渔船上的“妈祖”神龛

城市角落里的“神兽”们

瓦将军画像

古城内一屋瓦上的瓦将军

厌胜，经常看中式悬疑、玄幻小说的人对这个词应该不陌生，有声读物里一般读作“厌”，其实这里应读“压”的音。读“压”时用作动词，指一物压在另一物上，以求辟邪趋吉。

瓦将军、石敢当、风狮爷，都是这样的吉祥物。泉州古城甲第巷内有一户人家的屋顶，隐隐地就藏着一尊瓦将军。瓦将军的坐骑是一尊狮子，整体不过20厘米大小，狮子对着屋前圆口大张，做吞万物状，像一口烟囱，将军身穿盔甲战衣，凸眼睛，短鼻梁，人兽两身小小只地立在屋脊上，仍要做出雄赳赳气昂昂的架势来，实在萌得很。

因要上房高望，瓦将军身量很轻，多为简单的手工塑形，可以是红砖烧也可以是陶土挂釉，没有统一的标准，因此每一尊都不一样，略显朴拙，却别有生趣。

巷子里的憨憨石敢当

古厝主人讲，那只狮子的嘴里原有一个铃铛，风吹过来，铃铛会响，后来铃铛不知怎么就不见了。闽南许多风狮爷也是张嘴造型，多为空心，至少两个出口，成哨子状。据说，起风时，风从前灌入，也会发出嗡嗡的声音。风越大声音越响，这大概与那瓦将军的风铃铛原理一样，闻声而知风至。

瓦将军立于屋顶，而石敢当则常常出现在街头巷尾。它的姿态最自由，有各种形态，或昂首，或歪头，或者纯粹只是一块无字憨石，立在古城的巷口。

它们应该放在哪——是过去房屋建筑师们最爱琢磨的问题。《绘图鲁班经》记载："凡置瓦将军者，皆因对面或有兽头、屋脊、墙头、牌坊脊，如隔屋见者宜用瓦将军。"

泉州这座古城仍大量地保留着街巷肌理与居民老建筑，漫步其中，还常能看到被留下来的石敢当们。它们立在那里，就像城市迷宫里的路标，指引着去解读故城的秘密。

而金门岛曾遭遇沙漠化的环境威胁，风狮爷信仰在那里更普遍，常见村子前有一尊比人高的直立雄狮，集神、兽、人为一体。人们为它设香炉、挂披风、执令旗。如今，风狮爷文创手伴成为金门的一大特色。

时代变迁，神兽的许多同伴被搬进了博物馆。有的漂流异乡，留下来的石敢当似乎变得胆小又调皮，有些躲进水泥墙里，有些将自己藏在水槽下，有些头上顶坨拖把当假发，没有任何脾气的样子。

我们注意到，城市神兽的面容不会很凶，反而特别萌，姿态万千，可能是石敢当在泉州常闻人间烟火，无忧无虑而生的好面相吧！

每次穿过小巷都能看到它们还在原来的地方傻笑，和流浪的狗狗朋友睡在一起，和满地金灿灿的花生一起晒着太阳……这就是泉州朴实而真切的生活，暖得让人安心。

更重要的是，它们还在原地记录着城市的变迁。它们的存在证明对面有条巷子曾存在过。它们的身边曾有一扇门需要保护，就像地图上的大头针，定位给我们历史的线索。有时想起来，就去和它们捉捉迷藏，唤一声：嘿，城市神兽们，起风了……

泉州古城石敢当画像

旧馆驿巷一尊石敢当

参考书目

泉州市城市规划建设专家顾问组，泉州南建筑博物馆. 泉州古城踏勘. 厦门：厦门大学出版社. 2007

王寒枫. 泉州东西塔. 福州：福建人民出版社. 1992

曹春平. 闽南传统建筑. 厦门：厦门大学出版社. 2016

杨莽华，马全宝，姚洪峰. 闽南民居传统营造技艺. 合肥：安徽科学技术出版社. 2013

泉州市“泉州：宋元中国的世界海洋商贸中心”系列遗产申报世界文化遗产工作领导小组办公室，泉州市文化广电和旅游局 编. 泉州：宋元中国的世界海洋商贸中心遗产图录. 福州：福建人民出版社. 2021

李玉昆. 妈祖史迹研究. 北京：中国文联出版社. 2009

陈允敦. 泉州古园林钩沉. 福州：福建人民出版社. 1993

林振礼，吴鸿丽. 泉州多元文化和谐共处探微. 厦门：厦门大学出版社. 2017

吴鸿丽，刘新慧. 泉州古桥古塔. 北京：中国文联出版社. 2006

陈笃彬，苏黎明. 弘一大师在泉州. 济南：齐鲁书社. 2005

傅金星. 泉心采璞. 香港：闽南文化出版社有限公司. 2016

政协泉州市委员会. 泉州名人故居. 厦门：厦门大学出版社. 2007

泉州市地方志编纂委员会编. 泉州进士录. 福州：海峡书局. 2014

泉州古城保护发展工作协调组编. 泉州古城：老城池. 北京：九州出版社. 2018

陈敬聪. 泉州老街巷. 北京：中国文史出版社. 2014

王铭铭. 刺桐城：滨海中国的地方和世界. 北京：生活·读书·新知 三联书店. 2018

杨昌鸣，方拥. 古城泉州. 北京：中国建筑工业出版社. 2015

刘立身. 闽菜史谈. 福州：海风出版社. 2012

吴金炎. 泉州最灵境——关岳庙. 北京：人民日报出版社. 2012

关帝庙前

关帝庙前

图书在版编目(CIP)数据

半城烟火/泉州古城保护发展工作协调组办公室编.
—福州:海峡文艺出版社,2022.7
(“D调·泉州”丛书)
ISBN 978-7-5550-2968-7

Ⅰ.①半… Ⅱ.①泉… Ⅲ.①地方文化—文化史—泉州 Ⅳ.①K295.73

中国版本图书馆CIP数据核字(2022)第111759号

半城烟火

泉州古城保护发展工作协调组办公室 编

出版人	林 滨
责任编辑	林 颖
出版发行	海峡文艺出版社
经销	福建新华发行(集团)有限责任公司
社址	福州市东水路76号14层
发行部	0591—87536797
印刷	泉州市精彩数字印刷有限公司
厂址	泉州市鲤城区美食街183号织造厂内原综合楼一层
开本	787毫米×1092毫米 1/32
字数	108千字
印张	3.875
版次	2022年7月第1版
印次	2022年7月第1次印刷
书号	ISBN 978-7-5550-2968-7
定价	68.00元

如发现印装质量问题,请寄承印厂调换